Investiguemos las fuerzas y el movimiento

Jane Weir, MPhys

Physical Science Readers:
Investiguemos las fuerzas y el movimiento

Créditos de publicación

Directora editorial
Dona Herweck Rice

Editor asociado
Joshua BishopRoby

Editora en jefe
Sharon Coan, M.S.Ed.

Directora creativa
Lee Aucoin

Gerente de ilustración
Timothy J. Bradley

Editora comercial
Rachelle Cracchiolo, M.S.Ed.

Colaborador de ciencias
Sally Ride Science

Asesores de ciencias
Michael E. Kopecky,
Science Department Chair,
Chino Hills High School
Jane Weir, MPhys

Teacher Created Materials
5301 Oceanus Drive
Huntington Beach, CA 92649-1030
http://www.tcmpub.com

ISBN 978-1-4258-3223-0

Índice

¡Las fuerzas lo hacen todo!

Sin las fuerzas, el mundo sería un lugar muy aburrido. ¡No sucedería nada en absoluto!

Una **fuerza** es un impulso, una atracción o un giro que generalmente provoca movimiento. Las fuerzas no se pueden ver, pero se pueden ver sus efectos. Las fuerzas pueden provocar que los objetos se muevan, aceleren, desaceleren, giren, cambien de dirección o cambien de forma.

Siempre utilizas las fuerzas. La fuerza de los músculos sobre los huesos hace que te muevas. Cuando pateas una pelota, la fuerza sobre la pelota hace que esta se mueva. Tu peso es una fuerza. Hace presión sobre la Tierra.

Las fuerzas actúan sobre las cosas aun cuando estas no están en movimiento. Por ejemplo, un columpio que no se está moviendo se ve afectado por dos fuerzas importantes. La **gravedad** es la fuerza que jala el columpio hacia abajo. Al mismo tiempo, la cadena o la cuerda lo jala hacia arriba.

Las fuerzas mueven el cuerpo y la pelota de fútbol, y mantienen el columpio en su lugar. ¡Las fuerzas incluso mantienen la Luna en el cielo!

Una fuerza llamada fuerza fuerte mantiene unidos los átomos. Sin las fuerzas, el universo sería una gran sopa de partículas perdidas.

La unidad de fuerza es el **newton** (N). Recibe su nombre de Sir Issac Newton, un científico y matemático importante que nació en 1642. Newton escribió las reglas que describen los efectos de las fuerzas. Demostró que la gravedad es la misma fuerza, ya sea que provoque la caída de una manzana desde un árbol o mantenga los planetas en sus órbitas.

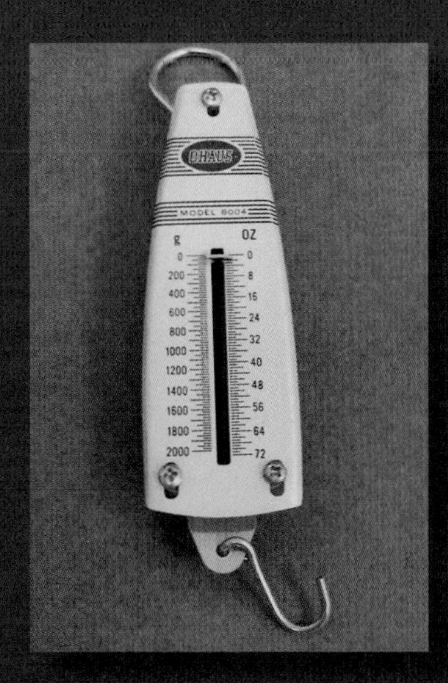

Cómo medir las fuerzas

Las fuerzas se pueden medir con un dinamómetro (también llamado báscula de resorte). El dinamómetro tiene un resorte. Cuanto mayor sea la fuerza que jala al resorte, más se estira.

¿La dieta de la Luna?

La **masa** es la cantidad de "sustancia" (llamada materia) de la que algo está hecho. Tienes la misma masa, sin importar en qué parte del universo te encuentres. Tu peso es la fuerza que la gravedad ejerce sobre tu masa. En la Luna, la gravedad tiene un sexto de la fuerza que tiene en la Tierra. Así que, si te encontraras allí, tendrías siempre la misma masa, pero tu peso sería solo un sexto del que tienes en la Tierra. Es decir, una persona que pesa 100 libras (444 N) en la Tierra, pesará alrededor de 16 libras (71 N) en la Luna.

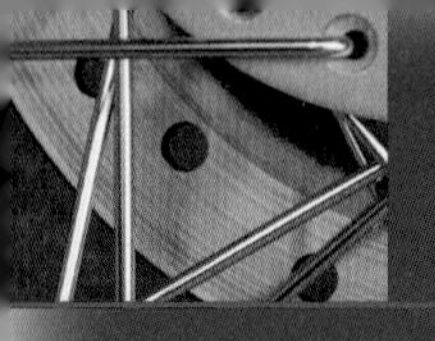

Máquinas simples

Las máquinas pueden usarse para facilitar el trabajo. Por ejemplo, las **palancas** son un tipo de máquina simple. Facilitan el trabajo al multiplicar la fuerza que se aplica para hacer una tarea. Los balancines son palancas. Una palanca funciona usando fuerza para hacer que los objetos roten alrededor de un punto **pivote** llamado *fulcro*. Las palancas más largas facilitan la vida porque producen mayor fuerza de rotación alrededor del pivote.

Otras máquinas simples son las poleas, las ruedas y los ejes, los planos inclinados, los tornillos y las cuñas. Estas máquinas simples se pueden combinar para crear máquinas más complejas, como las bicicletas. Existen muchas máquinas más. Las utilizamos todos los días. ¿Has abierto una puerta hoy? Si lo has hecho, entonces usaste una máquina.

Los balancines son palancas. ¡Los brazos y las piernas también son palancas!

¿Cómo funcionan los frenos en una bicicleta?

Si observaras una superficie plana con un microscopio, verías que en realidad no es plana. Todas las superficies tienen irregularidades y bordes. Esto significa que, cuando pasas una superficie por encima de otra, no se deslizan tan fácilmente como creerías. Todas las puntas diminutas de las superficies se chocan y se enganchan entre sí. Hace que las partículas de las superficies se desplacen más.

La frotación produce calor. El calor es simplemente el movimiento de partículas diminutas que forman sustancias. Por lo tanto, las sustancias se vuelven más calientes. La energía del movimiento (energía cinética) se transforma en energía calórica. De esta forma, queda menos energía cinética. Lo que se estaba frotando o moviendo ahora lo hace más lentamente. Tiene menos energía para moverse. Entonces, cuando aplicas los frenos, la energía disminuye. Así es como al frenar disminuyes la velocidad.

La fuerza en funcionamiento en este caso se llama **fricción**. En la página 14 aprenderás más sobre esto.

Rapidez, velocidad y aceleración

La **rapidez** es la distancia que recorre un objeto en un tiempo determinado. Se mide en distancia por unidad de tiempo. La **velocidad** es la rapidez en una dirección específica. También se mide en distancia por unidad de tiempo. Si un objeto recorre una línea recta a la misma rapidez y conoces la distancia que ha recorrido, puedes calcular la velocidad. Divide la distancia recorrida por el tiempo que duró el recorrido. Así encuentras la velocidad.

La **aceleración** es cuánto cambia la velocidad de un objeto en un momento determinado. Se mide en metros por segundo cuadrado. Acelerar significa aumentar la rapidez. La **desaceleración** es lo opuesto a la aceleración. Desacelerar significa disminuir la rapidez.

A ponerse los pantalones

A veces, los pilotos de combate aceleran los aviones tan velozmente que la fuerza generada hace que toda la sangre de la cabeza fluya hacia las piernas. Para detener esto, usan pantalones especiales llamados "pantalones anti-G". La G significa la gravedad causada por la aceleración. Los pantalones ejercen presión sobre las piernas para evitar que la sangre fluya hacia ellas.

Cuando un auto de carreras adelanta a otro auto, está acelerando.

Cara graciosa

Cuando los pilotos de acrobacias, como los Blue Angels, vuelan sus aviones en un bucle vertical completo, la piel del rostro se les distorsiona temporalmente. Como la piel del rostro no está adherida a nada, pierde la forma debido a que el cuerpo está siendo acelerado.

Fuerzas equilibradas

Más de una fuerza puede actuar sobre un objeto a la vez. Cuando esto ocurre, existe una especie de tira y afloja entre ellas.

Si todas las fuerzas que actúan sobre un objeto están equilibradas, el objeto permanecerá quieto o seguirá haciendo lo que estaba haciendo. Cuando las fuerzas están equilibradas, podemos decir que ese objeto está en **equilibrio**. Un ejemplo de esto es una lámpara que cuelga del techo. La fuerza hacia abajo del peso de la lámpara se equilibra por la fuerza de la cuerda hacia arriba. La lámpara permanece quieta.

Otros ejemplos de equilibrio son una pelota de fútbol apoyada en el suelo o una manzana en un árbol. De hecho, cualquier objeto en reposo está en equilibrio. Un bote que flota también está en equilibrio. El empuje hacia arriba del agua equilibra su peso y evita que se hunda.

Este bote tiene fuerzas iguales de la gravedad (hacia abajo) y del agua (hacia arriba), así que está en equilibrio.

Hasta que un lado ejerza más fuerza que el otro, un tira y afloja está en equilibrio.

TGU

Los científicos están tratando de encontrar una manera de describir el universo que conecte todas las diversas fuerzas. La llaman la teoría de la gran unificación o TGU. Aún no han encontrado alguna que funcione. ¡Pero todavía la están buscando!

Esta atleta le proporciona fuerza a la pelota.

Si las fuerzas sobre un objeto no están equilibradas, este cambiará su rapidez o dirección. Por ejemplo, cuando se patea una pelota, el pie que lo hace proporciona una fuerza que cambia el equilibrio. Cuando se empuja a un niño en un columpio, la mano de la persona que empuja proporciona la fuerza. Cuando se le pega a una pelota de tenis, la raqueta proporciona la fuerza.

Los objetos que están quietos comenzarán a moverse en la dirección de la fuerza. Los objetos que ya están en movimiento cambiarán de dirección, aumentarán o disminuirán su rapidez. Cuanto mayor sea la fuerza, mayor es la aceleración del objeto.

Tiene sentido. Si empujas algo con fuerza, aumentarás mucho más su rapidez que si solo le das un empuje suave. Si pedaleas la bicicleta con firmeza, aumentarás mucho más tu rapidez que si solo empujas los pedales levemente.

¿Cuándo va más rápido una pelota de malabarismo?

La velocidad es mayor cuando la pelota sale de la mano y cuando se acerca a ella. Es menor cuando se encuentra en el punto más alto de su recorrido y cuando está en la mano. La velocidad es cero durante una fracción de segundo en estos momentos, cuando cambia de dirección.

En su recorrido hacia abajo, la aceleración de la pelota proviene de la gravedad. En su recorrido hacia arriba, la gravedad aún está tratando de acelerarla hacia abajo y actuará para desacelerar la pelota hasta que se frene en el punto más alto. Cuando está a punto de salir de la mano, la aceleración de la pelota es mayor porque la mano le está proporcionando una fuerza hacia arriba.

En el caso de los paracaidistas, la gravedad y la resistencia del aire se equilibran a los 195 km/h.

La fricción y la resistencia del aire también son fuerzas. La fricción es una fuerza que actúa en superficies para desacelerar o detener cosas que están en movimiento. La resistencia del aire es una fuerza hacia arriba que desacelera los objetos que están cayendo. Entonces, ambas fuerzas desaceleran los objetos en movimiento. Y siempre actúan en contra de la dirección del movimiento. Por ejemplo, un bote se desacelera cuando empuja contra el agua. Un paracaídas desacelera al paracaidista. La fuerza que actúa contra el movimiento de un objeto como el paracaídas se llama **arrastre**.

La fricción puede ser muy útil. Es necesaria para caminar porque proporciona agarre entre el suelo y los pies de una persona. La fricción es necesaria para sostener objetos que, de otro modo, se nos resbalarían de las manos. Las ruedas necesitan fricción para tener agarre a la carretera. Sin la fricción, sería como conducir sobre hielo resbaloso.

A veces, la fricción no es tan útil. La fricción entre las partes y los engranajes de una máquina provoca desgaste y deterioro. La fricción entre las partes que se mueven de una maquina provoca que las partes rechinen entre sí y se calienten. Esto hace que sean menos eficientes.

Adicción a la fricción

Los escaladores usan fuerzas para adherirse a las rocas. La fricción entre las manos y los pies de los escaladores y la roca evita que se resbalen y caigan. La fuerza hacia arriba de las manos y los pies equilibra la fuerza hacia abajo de la gravedad. Además, los escaladores pueden mecer el pie o la mano a un lado para equilibrarse mientras se inclinan hacia el otro lado. Los escaladores de rocas usan calzado de goma flexible y adherente. Esto les brinda mucha fricción entre el calzado y la roca.

Dato escamoso

Los objetos que se mueven por el agua experimentan mayor fricción que los que se mueven en el aire. El agua es más densa que el aire. El motivo por el que los peces y otras criaturas marinas como los delfines sean tan suaves es que la cualidad de la suavidad disminuye la fricción entre el cuerpo y el agua.

Las leyes del movimiento de Newton

Un científico llamado Newton escribió sobre las fuerzas y el movimiento. En la actualidad, usamos tres leyes que reciben su nombre. La primera ley del movimiento describe objetos en equilibrio. Se llama la ley de la **inercia**. *Inercia* significa la resistencia a un cambio de movimiento. Esta es la primera ley de Newton:

Un cuerpo permanecerá en un estado de reposo o movimiento uniforme a lo largo de una línea recta hasta que una fuerza externa actúe sobre él.

En otras palabras, si no empujas, jalas o aprietas algo, seguirá como estaba. Los objetos en reposo permanecerán quietos. Por ejemplo, una hoja que cae de un árbol

Isaac Newton

Las leyes del movimiento de Newton se aplican a todo, incluso al béisbol.

permanecerá donde haya caído en el suelo, a menos que el viento, un animal o una persona la mueva. Los objetos en movimiento seguirán moviéndose en una línea recta y a la misma rapidez. Si golpeas una pelota de béisbol, seguirá su curso en una línea recta indefinidamente si la gravedad, el arrastre o alguien que la tome no se interponen en su recorrido.

La segunda ley del movimiento de Newton es la ley de la aceleración. Describe lo que ocurre cuando se usa una fuerza:

La aceleración de un cuerpo es directamente proporcional a la fuerza que actúa sobre él y va en la misma dirección que la fuerza. La aceleración también es inversamente proporcional a la masa del cuerpo.

Así que, si se aplica una fuerza sobre un objeto, el objeto siempre se moverá en la dirección hacia la que está actuando la fuerza. Cuanto mayor sea la firmeza del impulso, mayor será su rapidez. Por ejemplo, cuando golpeas una pelota de béisbol, la fuerza que ejerces sobre ella a través del bate acelera la pelota en la dirección en la que la golpees. Mientras mayor sea la fuerza del golpe, mayor es la rapidez con la que se mueve.

Dra. Trachette Jackson

Matemáticas antes y ahora

Para poder hacer su trabajo, Newton comenzó una nueva rama de matemáticas. Se denomina cálculo. El cálculo es importante para todo científico. La Dra. Trachette Jackson lo usa en su campo de biología matemática. Es decir, el estudio de las matemáticas en los seres vivos. Usa el cálculo para estudiar las células cancerosas. Cuanto más sepa, más cerca estará de detenerlas. Entonces, el importante trabajo de Newton en aquel entonces contribuye al importante trabajo de Jackson ahora.

¡Me caigo y me levanto!

La segunda ley de Newton explica por qué las hojas vuelan más que los palitos. Una hoja puede atrapar más viento que un palito. ¡Cuanto más viento haya, mayor es la fuerza y, por lo tanto, hay más movimiento!

La tercera ley de Newton describe la fuerza de reacción. La tercera ley del movimiento de Newton es la ley de acción y reacción:

Con toda acción siempre ocurre una reacción igual y contraria.

La fuerza de reacción empuja los objetos en la dirección contraria. Esta ley explica por qué los objetos permanecen donde están en lugar de estrellarse contra el suelo. Puedes sentir la fuerza de reacción si empujas la pared. La presión que sientes en las manos es la fuerza ejercida por la pared sobre las manos. Puedes sentir la fuerza de reacción cuando te sientas en una silla. La fuerza de reacción que empuja hacia arriba equilibra tu peso que empuja hacia abajo. Puedes sentir la silla debajo de ti debido a la fuerza de reacción.

La fuerza de reacción es la manera en que los cohetes se lanzan al espacio. El cohete impulsa una masa de combustible quemado por la parte de atrás. La fuerza del cohete sobre el combustible quemado es igual a la fuerza del combustible quemado sobre el cohete. Ambos se empujan en dirección opuesta y esto hace que el cohete se mueva hacia delante.

El transbordador usa la tercera ley de Newton para llegar a órbita.

¿Por qué los aviones necesitan una pista para despegar?

Las alas de los aviones son curvas. A medida que el avión avanza sobre la pista, el aire fluye por encima y por debajo de las alas. Debido a la curvatura de las alas, el aire que fluye por encima recorre una distancia mayor que el aire que fluye por debajo.

Entonces, el aire se dispersa en la parte superior y esto provoca que tenga menos presión que el aire en la parte inferior. De esta manera, el aire por debajo empuja hacia arriba y eleva las alas. Cuanto más rápido vaya el avión, mayor es este fenómeno. Los aviones aceleran a lo largo de una pista para aprovechar la sustentación.

Los primeros expertos en cohetes

Los chinos inventaron los cohetes. Los cohetes necesitan una fuerza para impulsarse hacia el espacio. Los chinos usaban pólvora para impulsar cohetes ya desde 1150.

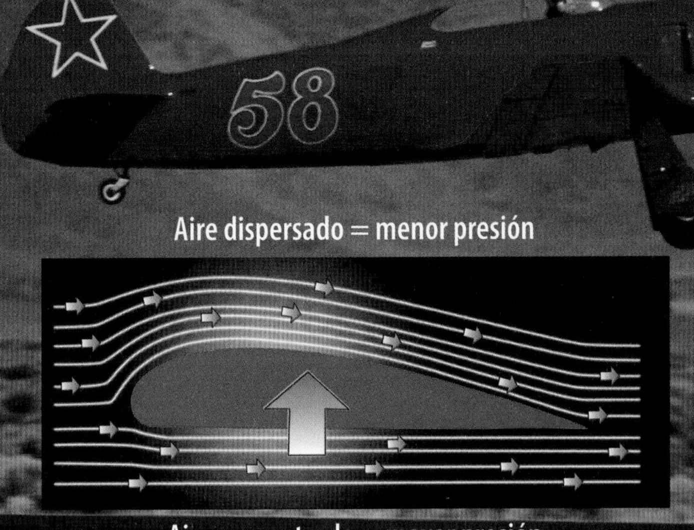

Gravedad

La gravedad es una fuerza. Es diferente de la mayoría de las otras fuerzas ya que solo puede atraer cosas, pero no las puede separar.

La gravedad actúa sobre la masa. Es la fuerza que nos mantiene en la Tierra e impide que salgamos flotando hacia el espacio. También mantiene a la Tierra en su órbita alrededor del Sol. Por lo tanto, también impide que la Tierra salga flotando hacia el espacio. La gravedad de la Tierra también mantiene a la Luna en órbita alrededor del planeta. Sin la gravedad, las cosas flotarían por todas partes en el espacio.

Newton fue la primera persona en notar que la fuerza que hace que la Luna orbite alrededor de la Tierra es la misma fuerza que hace que las cosas caigan en la Tierra. Pero los científicos aún intentan descubrir por qué la gravedad solo puede atraer cosas pero no las puede separar.

Datos curiosos

- Cualesquiera que sea su tamaño, todas las cosas de la Tierra son atraídas hacia abajo a la misma velocidad.
- Estamos tan acostumbrados a la gravedad que los huesos se nos debilitan sin ella. Esto les ocurre a los astronautas que pasan mucho tiempo en el espacio.

↑ Sin la fuerza de gravedad, ¡simplemente te alejarías flotando del planeta!

Caídas

En la Tierra, parece que las cosas caen hacia abajo. En realidad, caen hacia el centro de la Tierra. Si pudieras cavar un agujero que atraviese la Tierra hasta el otro extremo, y luego bajar de un salto, solo llegarías hasta el centro del planeta. Es allí hacia donde la gravedad quiere llevarte.

Más masa es mejor para la gravedad

Todo lo que tenga masa produce un campo gravitacional. Incluso los objetos que usamos a diario tienen campos gravitacionales. Pero la fuerza en la mayoría de estos campos es tan pequeña que no tiene un efecto que podamos ver. Es tan pequeña que no mueve nada.

La magnitud de la atracción entre los objetos depende de sus masas. Cuanto mayor sea la masa, más se atraen entre sí y mayor es la fuerza que los atrae. Por ejemplo, la atracción que ejerce la Tierra sobre la Luna es muy fuerte comparada con la atracción de dos bolas de billar sobre una mesa de billar. La atracción de la Tierra es mucho mayor que la atracción entre tu amigo y tú.

La magnitud de la fuerza (la medida en que las cosas se atraen entre sí) también depende de la distancia entre los objetos. Cuanto más lejos estén dos objetos, menos se atraen entre sí.

Los objetos de menor masa tienen campos gravitacionales pequeños. Por eso, su atracción gravitacional también es reducida.

Hacer un *ollie*

¿Alguna vez has hecho un *ollie* en una patineta? Si es así, estás usando la física. Para realizar todas las acrobacias de patineta, incluso simplemente para andar en una, se necesita el uso de la fuerza. Para hacer un *ollie*, se usa la fuerza de tres fuentes. La primera es el pie del patinador que empuja la cola de la patineta hacia abajo. Así se eleva la parte frontal de la patineta. La segunda es la reacción del suelo cuando la cola toca el suelo. Esto empuja el extremo posterior de la patineta hacia arriba. La tercera fuerza es el pie del patinador que mueve la patineta hacia arriba. Esto inclina la patineta hacia delante para que pueda caer de manera horizontal al final del truco. Sin ninguna de estas tres fuerzas, el patinador no llegaría a ningún lado.

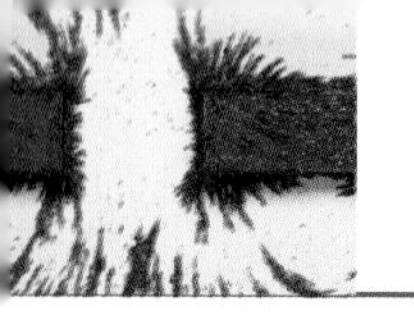

Electricidad e imanes

Parecida a la fuerza de gravedad, los imanes ejercen una fuerza sobre otros materiales magnéticos sin la necesidad de tocarlos. Cuanto más cerca esté el imán, mayor es la fuerza. Solo algunos tipos de materiales son magnéticos. Estos incluyen el hierro, el acero, el níquel y el cobalto.

Los imanes están rodeados de un campo invisible llamado **campo magnético**. El campo magnético alrededor de un imán puede verse con virutas de hierro. Coloca una barra de imán, un imán que tiene una forma rectangular larga y delgada, debajo de una hoja de papel. Luego, esparce virutas de hierro por encima. Las virutas se ordenan a lo largo de las líneas del campo. Puedes ver lo que ocurre en la siguiente ilustración.

Los imanes tienen dos polos llamados polo norte y polo sur. Los polos opuestos se atraen mutuamente. Los polos que son iguales se repelen. Los polos magnéticos no pueden existir independientemente. Donde haya un polo norte magnético siempre habrá un polo sur. Es imposible que los polos norte y sur de un imán existan de manera independiente. Si rompes un imán permanente por la mitad, se convertirá en dos imanes más pequeños. Cada uno tendrá sus propios polos norte y sur.

Estas virutas de hierro se ordenan a lo largo de las líneas de fuerza magnética alrededor de los imanes rojos.

Las brújulas muestran la dirección mediante el uso de una aguja magnética.

Esta imagen ilustra los polos norte y sur magnéticos de la Tierra.

El campo magnético de la Tierra

Si se cuelga un imán de una cuerda o se lo hace flotar sobre un trozo de madera en el agua, se moverá de manera que un extremo apunte al norte y el otro al sur. Esto se debe a que la Tierra tiene su propio campo magnético que atrae el imán suspendido. El campo magnético de la Tierra actúa como una barra de imán gigante. Por eso es que funcionan las brújulas.

Electromagnetismo

La electricidad y el magnetismo están relacionados. Por eso, a menudo sus propiedades se agrupan. Esto se llama **electromagnetismo**.

Los electroimanes son un claro ejemplo de cómo las fuerzas eléctricas y magnéticas se influencian mutuamente. Funcionan porque los cables que transportan la corriente eléctrica tienen un campo magnético alrededor de ellos.

Un electroimán se puede crear con una batería y una bobina de alambre. Tiene un polo norte y uno sur, al igual que una barra de imán. Un núcleo de hierro, como un clavo, aumenta la potencia del electroimán.

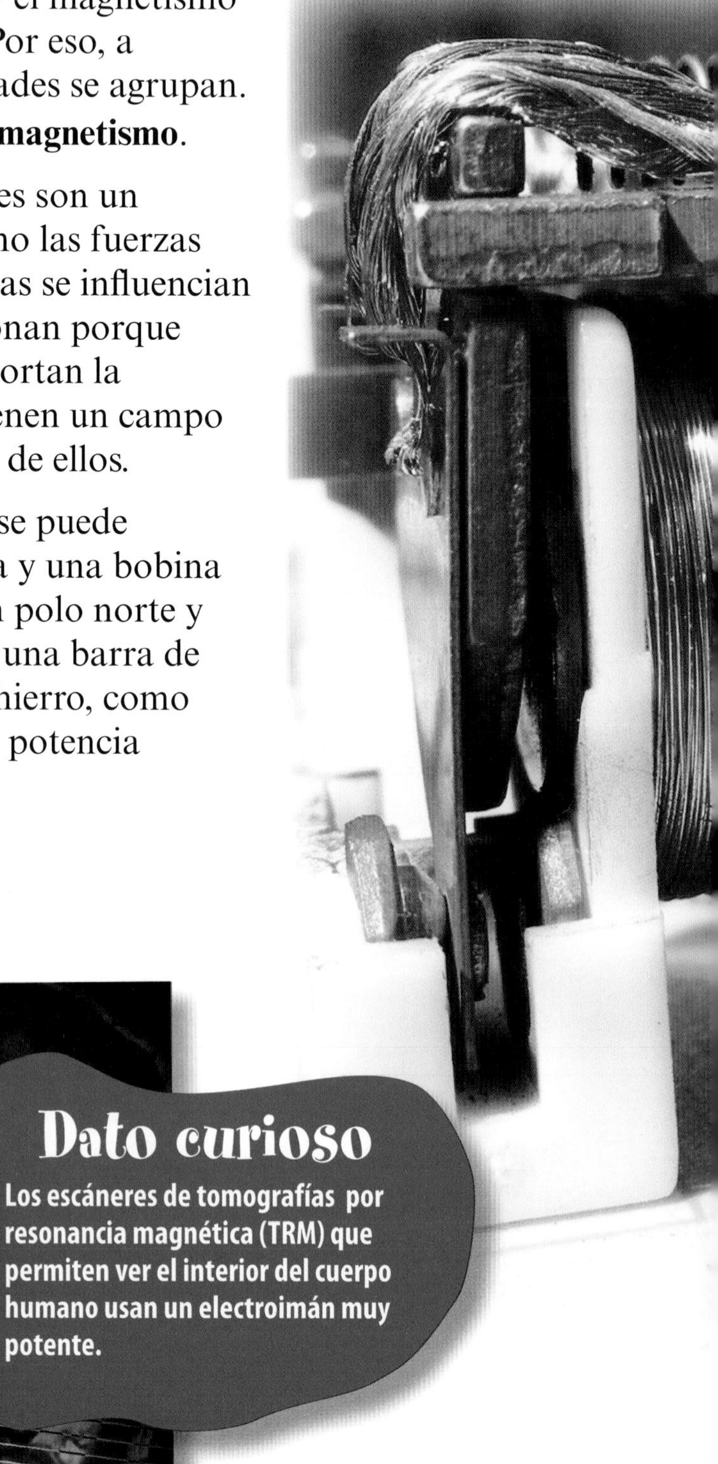

Dato curioso

Los escáneres de tomografías por resonancia magnética (TRM) que permiten ver el interior del cuerpo humano usan un electroimán muy potente.

Este es un ejemplo de un electroimán.

¿Qué es esa estática?

Los equipos de música producen un sonido de zumbido cuando se usan teléfonos móviles cerca de ellos debido a la interferencia electromagnética. El campo electromagnético generado por el teléfono móvil cambia la señal eléctrica de los altoparlantes.

¡Están en todas partes!

Los electroimanes se usan en numerosos dispositivos, como timbres, cerraduras de seguridad, detectores de metales y bombas de peceras.

Laboratorio: Medir la fuerza del

Materiales

- 50 gramos de arcilla (plastilina)
- cronómetro
- hoja de papel
- marcador
- un pedazo de cuerda de 1.25 metros de largo
- un soporte y una pinza de laboratorio, o cinta adhesiva, y una mesa o marco de puerta

Procedimiento

1. Corta un pedazo de cuerda de 1.25 metros.
2. Crea un péndulo moldeando una bola de plastilina que va en uno de los extremos del pedazo de cuerda.
3. Mide la cuerda 1 metro hacia arriba desde el centro de la bola de plastilina. Haz una marca en la cuerda. Amárrala al soporte y usa la pinza para fijarla en la marca de 1 metro. Si haces esto en casa y no tienes ni soporte ni pinza, puedes pegar el péndulo con cinta al borde de una mesa o al marco de una puerta.

campo gravitacional

4 Sostén la bola de péndulo a un lado. Prepara el cronómetro.

5 Suelta el péndulo e inicia el cronómetro.

6 Cuenta 10 vaivenes completos (punto de detención y regreso) de tu péndulo. Luego, detén el cronómetro cuando regrese al inicio por décima vez.

7 Registra el tiempo que duró el péndulo en hacer 10 vaivenes.

8 Acorta el péndulo a 0.5 metros y repite el experimento.

9 Calcula el tiempo en segundos para un vaivén al dividir el tiempo de los 10 vaivenes entre 10. Esto se llama período del péndulo.

10 Registra tus resultados en una tabla como la que se muestra a continuación.

11 Con el período calculado (el tiempo de un vaivén del péndulo) en el paso 9, calcula la fuerza de gravedad. Usarás esta fórmula:

gravedad = (39 × longitud) / (tiempo de vaivén × tiempo de vaivén)

Calcula la gravedad para cada uno de los dos péndulos que hiciste. Es complejo, ¡pero puedes hacerlo!

¿Cómo se comparan los valores de la gravedad? ¿Qué efecto tiene cambiar la longitud del péndulo en el período?

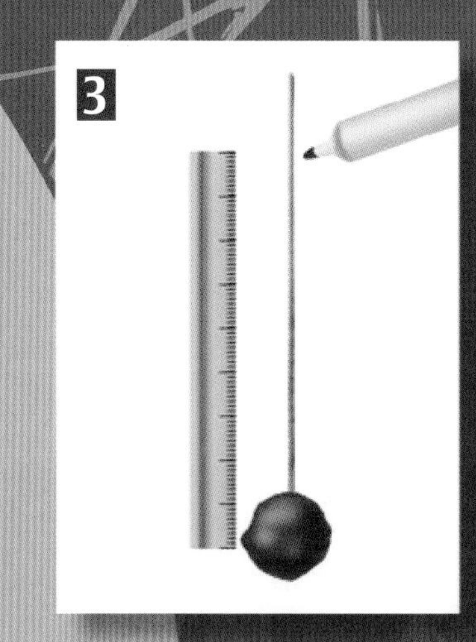

10

Longitud del péndulo	Tiempo de 10 vaivenes	Tiempo de 1 vaivén
1 m		
0.5 m		

Glosario

aceleración: la tasa de cambio de la velocidad; el aumento de la rapidez

arrastre: la fuerza que actúa en contra del movimiento de un objeto

campo magnético: el área donde puede detectarse la fuerza magnética

desaceleración: la disminución de la rapidez

electromagnetismo: la combinación de electricidad y magnetismo

equilibrio: balance

fricción: la fuerza que actúa sobre las superficies en contacto y que las desacelera o detiene

fuerza: el impulso o la atracción que puede hacer que las cosas se muevan

gravedad: la fuerza que hace que los planetas orbiten alrededor del Sol y que mantiene los objetos en la Tierra

inercia: la resistencia al movimiento

masa: la cantidad de materia de la que algo está hecho

newton: la unidad de fuerza

palancas: máquinas simples que facilitan el trabajo al multiplicar la fuerza que se aplica para hacerlo

pivote: un punto fijo que sostiene algo que gira o hace equilibrio

rapidez: la tasa de movimiento o progreso

velocidad: la rapidez en una dirección determinada

Índice analítico

Sally Ride Science

Sally Ride Science™ es una compañía de contenido innovador dedicada a impulsar el interés de los jóvenes en la ciencia. Nuestras publicaciones y programas ofrecen oportunidades para que los estudiantes y los maestros exploren el cautivante mundo de la ciencia, desde la astrobiología hasta la zoología. Damos significado a la ciencia y les mostramos a los jóvenes que la ciencia es creativa, cooperativa, fascinante y divertida.

Créditos de imágenes

Portada Kinetic Imagery/Shutterstock; pág. 3 Photos.com; pág. 4 (arriba) Photos.com; pág. 4 (izquierda) Larry St. Pierre/Shutterstock; pág. 4 (derecha) GeoM/Shutterstock; pág. 5 (izquierda) Risteski goce/Shutterstock; pág. 6 (arriba) Photos.com; pág. 6 Sunstar/Photo Researchers, Inc.; pág. 6 (centro) Photos.com; pág. 7 Kinetic Imagery/Shutterstock; pág. 8 (arriba) Rafa Irusta/Shutterstock; pág. 8 (abajo) David Madison/Getty Images; págs. 8-9 Nelson Hale/Shutterstock; pág. 9 (abajo) Bettmann/Corbis; pág. 10 (arriba) Photos.com; págs. 10-11 Photos.com; pág. 11 (izquierda) Tom Oliveira/Shutterstock; pág. 11 (derecha); William Attard McCarthy/Shutterstock; pág. 12 (arriba) Photos.com; pág. 12 (derecha) Photodisc; pág. 12 (abajo) Photos.com; pág. 13 Galina Barskaya/Dreamstime.com; pág. 14 Drazen Vukelic/Dreamstime.com; pág. 15 Joe Gough/Dreamstime.com; pág. 16 (arriba) Photos.com; pág. 16 (izquierda) Library of Congress; págs. 16-17 Bjorn Heller/Shutterstock; pág. 17 (arriba) Rick Reason; pág. 17 (abajo) Istockphoto; pág. 18 NASA; pág. 19 (atrás) Photos.com; pág. 19 (arriba) Jan Kaliciak/Shutterstock; pág. 19 (abajo) Tim Bradley; pág. 20 (arriba) Photos.com; pág. 20 (abajo) Brady Jones/Dreamstime.com; págs. 20-21 Koval/Shutterstock; pág. 21 Alan Wesley/Dreamstime.com; pág. 22 (arriba) Jeff Clow/Dreamstime.com; pág. 22 (abajo) Photos.com; pág. 23 Benn Mitchell/Getty Images; pág. 24 (arriba) Dreamstime.com; pág. 24 (izquierda) Photos.com; pág. 24 (derecha) Dreamstime.com; pág. 25 SPL/Photo Researchers, Inc.; pág. 26 (arriba) Yali Shi/Dreamstime.com; pág. 26 (abajo) Tan Wei Ming/Shutterstock; págs. 26-27 Natale Matteo/Dreamstime.com; pág. 27 (arriba) Francois Etienne du Plessis/Shutterstock; pág. 27 (abajo) Shannon West/Shutterstock; pág. 28 (arriba) Photos.com; págs. 28-29 Nicoll Rager Fuller; pág. 32 Getty Images